Luciano Bonvento

Enrica Dolcetto

Memorie polesane
Poesie in vernacolo rodigino con traduzione in italiano

Stampato nel 2011
Nell'occasione del 50° Anniversario di matrimonio (1961 – 2011)
Copyright Bonv.it 2011

*Dedicata a mia moglie Lucia
nel giorno del nostro cinquantesimo
anniversario di matrimonio.*

*Verso te tendo le mani,
verso te che sei stata il mio ieri,
che sei il mio oggi,
e sarai il mio domani, verso te moglie mia.
I tuo occhi sono specchi immensi
grandi come mari infiniti,
ed è dolce il tuo sorriso
quando la mia mano ti accarezza
o ti stringo al cuore con dolcezza
con la forza intensa del mio amore.
Io non so dire grandi frasi
o parole dolci sussurrare,
le cerco sai, ma non le so trovare;
ma tu che sai capire, che sono fatto così
ma che ti voglio tanto bene
che ti amo con tutto me stesso
perdonami se puoi
anche per quello che dirti vorrei
ma che ora o forse mai
con le parole mie dirtelo saprei.*

(Quello che dirti vorrei - Luciano Bonvento)

Sommario

Prefazione 6

Memorie Polesane / Memorie Polesane 8

Cuntàme...nono / Raccontami... nonno 10

I òci del Signore / Gli occhi del Signore 12

Gnénte xè più bèo / Nulla è più bello 14

Come fióri finti / Come fiori finti 16

El tenpo di sogni / Il tempo dei sogni 18

Çérco / Cerco 20

Có riva novembre / Quando arriva novembre 22

Frégoe de pan nero / Briciole di pane nero 24

Te ricordito, amigo mio? / Ti ricordi, amico mio? 26

Fiòlo mio... / Figlio mio... 28

Fiòi del progresso / Figli del progresso 30

La casa bianca / La casa bianca 32

La tèra di noni / La terra dei nonni 34

Scarsèle vòde / Tasche vuote 36

On viso, on pensiero... / Un volto, un pensiero... 38

Basta girare i òci intórno / Basta guardare intorno 40

Vèce boarie / Vecchie cascine 42

Ghe sta on tenpo / C'è stato un tempo 44

La pèrgola / La pergola 46

Sul profio de la sera / *Sul profilo della sera* 48

La pressia / *La fretta* 50

Có se portava i sandali / *Quando si portavano i sandali* 52

Cussi xè canbià el tenpo / *Così cambiò il tempo* 54

Çérco de capire / *Cerco di capire* 56

Có i òci de l'ànima / *Con gli occhi dell'anima* 58

Òci come dó more nere / *Occhi come due more nere* 60

Nó impizàre la luce / *Non accendere la luce* 62

Anca mi / *Anch'io* 64

Vècia luna Rovigòta / *Vecchia luna Rodigina* 66

Có se parlava in diaeto / *Quando si parlava in dialetto* 68

Adio mondo contadin / *Addio mondo contadino* 70

Xè Nadale / *E' Natale* 72

El treno /   *Il treno* 74

Dove sito scònta ? / *Dove sei nascosta ?* 76

Altri tenpi / *Altri tempi* 78

Prefazione

Un passato rivissuto come un bel sogno finito e dal quale, di tanto in tanto, affiorano, come per magia, un ricordo, un'immagine, un volto, una voce, in cui rievocazione, sentimento e parola finiscono per diventare una sola cosa. Il suo autore è Luciano Bonvento, una persona generosa, spontanea, sensibile e saggia, piena di entusiasmo e di fiducia nella vita. Egli ha raccolto il suo vivere in campagna da bambino e da ragazzo, al tempo in cui la terra veniva ancora arata da una coppia di buoi, in una favola dolcissima e i suoi ricordi si inscrivano in un quadro di vita semplice, quotidiana e le persone e i particolari del suo paese vengono colti con vivacità e freschezza. E così vediamo passare davanti ai nostri occhi una serie di immagini che ci riempiano il cuore di tenerezza. I ragazzini che camminavano scalzi per risparmiare il loro unico paio di scarpe, il nonno e il padre che fanno la veglia ai covoni di grano, la mamma che lavora in risaia, le donne che rammendano i calzerotti, i mietitori che fanno " ganzega ", gli uomini e le donne che ballano sull'aia al suono della fisarmonica... sono deliziosi quadretti di vita che ci parlano di un mondo che ormai non esiste più, un mondo fatto di cose modeste e umili e di sentimenti elementari.

Questo piccolo mondo, dove Luciano ha vissuto l'età dei sogni e delle speranze, si adagia lungo i verdi argini del canale Ceresolo e del fiume Adige.
Un tempo era attraversato da numerosi filari di viti e da campi di erba medica e di grano. Qui egli ritrova la vecchia casa, la stalla, il cortile, l'orto, la pergola d'uva, il pagliaio, il pèsco, i sentieri erbosi, il fossato con le rane e le lucciole vaganti e l'osteria dove s'andava a fare "supeta". Ed è qui che il nostro poeta ama tornare per ritrovare la vita e il mondo della sua età giovane. " Memorie polesane ", il libro di Luciano Bonvento è una sorta di mosaico in qui tessera non solo racconta particolari interessanti su come si viveva una volta, ma descrive pure aspetti suggestivi di un paesaggio incontaminato e propone alcune riflessioni sul mondo d'oggi.

Prof. Ottorino Siviero

Memorie Polesane

El segno del destìn
e'l xè passà su sta me tèra,
drìo stì sentieri,
lóngo i àrẓari del Po e de l'Àdese,
sui credi d'on tempo deventà storia.
'E sere 'e s'inpìniva de paure,
drènto i òci de la luna
e sui campi vèrti al çiéo
i pensieri i somenáva vòje de scanpáre
in çérca de verità,
conosséste solo ti miracoli
o cuntà dai vagabondi de passájo.
I giorni i coréa su 'e ale de 'e paróe
col canto anonimo de 'e speranẓe,
sui dolori e su 'e làgreme
de 'na fame sempre vècia
senẓa gnànca 'vère el tempo
par contàrse on sogno.
Có se stuàva el ciàro del sole
el cortéo de la miseria
el tàjava come aria de diçémbre
su'e tòle preparà par la çéna.
La nòte ghéva i siénẓi rasegnà de 'e dòne
sui lèti de l'amore senẓa careẓe,
consumà có la pressia de l'ignoranẓa.
Par Dio sémo tuti ùguai,
'e recitava 'e preghiere scrite,
ma el Cristo che jutàva i poarìti
el caminava senpre
la strada lónga del domàn.

Memorie Polesane

Il segno del destino
è passato su questa mia terra,
per questi sentieri,
lungo gli argini del Po e dell'Adige,
sui credi d'un tempo divenuto storia.
Le sere si riempivano di paure,
dentro gli occhi della luna
e sui campi aperti al cielo
i pensieri seminavano voglie di fuggire
in cerca di quelle verità,
conosciute solo nei miracoli
o raccontate dai vagabondi di passaggio.
I giorni correvano sulle ali delle parole
sul canto anonimo delle speranze,
sui dolori e sulle lacrime
di una fame sempre vecchia
senza neppure avere il tempo
per raccontarsi un sogno.
Quando si spegnava la luce del sole
il coltello della miseria
tagliava come aria di dicembre
sulle tavole preparate per la cena.
La notte aveva i silenzi rassegnati delle donne
sui letti dell'amore senza carezze,
consumato con la fretta dell'ignoranza.
Per Dio siamo tutti uguali,
recitavano le preghiere scritte,
ma il Cristo che aiutava i poveri
camminava sempre
la strada lunga del doman.

Cuntàme...nono

Cuntàme, nono, di merli e di stórli ladri,
che de matina presto i ciacolàva
tra le fòie di figàri
o i se corèva drìo sui cópi de la casa.

Ripètame ancora 'na òlta, nono,
quanto jèra bèlo védare 'e spìghe bionde
dondolare col vento
o sentire l'odore bòn del pan
apéna tirà fora dal forno caldo.

Te ricòrdito, nono, el persegàro?
El xè ancora lì, tel cantón de l'orto
ch'él spèta 'e putine có 'e man vèrte
par rancurare i pèrseghi apéna fati.

Cuntàme, nono, di fiari de végne
e de v'àltri che ridevi contenti,
intanto che gustavi i grani de ùa;
parlame di sàlisi stòrti, del sole
ch'él zugàva, disegnando la matina tra le fòje.

Cuntàme, nono, del tó mondo picinin,
semplice, cuntàmelo ancora, nono,
parché mi so chi tel mondo nòvo,
scónto drènto on filaro lóngo de machine
cà devento mato, scoltàndo el bacàn di clacson.

Raccontami... nonno

Raccontami, nonno, dei merli e dei tordi ladri,
che di mattina presto chiacchieravano
tra le foglie dei fichi
o si rincorrevano sul tetto della casa.

Ripetimi ancora una volta, nonno,
quanto era bello vedere le spighe bionde
dondolare nel vento
o sentire l'odore buono del pane caldo.

Ti ricordi, nonno, il pesco?
È ancora lì, nell'angolo dell'orto
che aspetta le bambine con le mai aperte
per raccogliere le pesche mature.

Raccontami, nonno, dei filari di vigne
e di voi che ridavate felici,
gustando qualche acino d'uva;
parlami dei salici storti, del sole
che giocava, disegnando il mattino tra le foglie.

Raccontami, nonno, del tuo piccolo mondo,
semplice, raccontamelo ancora, nonno,
perché io sono qui nel nuovo mondo,
nascosto dentro una lunga fila di macchine
che impazzisco, ascoltando il chiasso dei clacson.

I òci del Signore

*Pólvare de strada jarà o tèra di canpi
ti zòghi de la me infanzia,
i sa sbiadio ti ricordi i bàsi de me mama.
Putéa vestia de rosa, l'aurora
che passàva balando tra sàlisi e piòpe
có careze de farfala sui papàveri di canpi,
có gòti de alègria tra i vegnéti de l'autuno.
No domandarme còssa el xè el vòdo del siènzio,
quando te t'incorzi che l'inocenza no ghè più,
quando la vita da 'e man busiare
consuma l'emozión di to sogni più bèi.
Anca st'àno i ga miezù el froménto,
ma no ghe jèra i meandini col seghéto in man,
curvi có la sgòrba sòto el sole león,
ghe jèra 'na machina che sbatèa grande ale.
Si lo so, mama, che anca st'àno te si vegnù,
el me cuore te ga visto ridare de s-ciòco,
quando l'ùltima fàja ga sbatù tel batidóre.
Chissà se dopo, te si 'ndà a spigàre tee stùpie
come te fasevi na òlta. I xè canbià i tenpi, mama,
dèsso 'e sere de la trebia no 'e finisse più
co 'e ganzèghe e qualche meandìn inbriago
che córe drìo a'e batisòsole, credendole
i òci del Signore.*

Gli occhi del Signore

Polvere di strada sassosa o terra dei campi
nei giochi della mia infanzia,
si sono sbiaditi nei ricordi i baci di mia madre.
Bambina vestita di rosa, l'aurora
che passava danzando tra salici e pioppi
con carezze di farfalla sui papaveri dei campi,
con calici d'allegria tra i vigneti d'autunno.
Non chiedermi cos'è il vuoto del silenzio,
quando ti accorgi che l'innocenza non c'è più,
quando la vita dalle mani bugiarde
consuma l'emozione dei tuoi sogni più belli.
Anche quest'anno hanno mietuto il frumento,
ma non c'erano i mietitori con la falce in mano,
curvi con la schiena sotto il sole leone,
c'era un macchina che batteva grandi ali.
Si lo so, mamma, che anche quest'anno sei venuta,
il mio cuore ti ha vista ridere felice,
quando l'ultimo covone picchiò sulla trebbia.
Chissà se poi, se sei andata a spigolare sulle stoppie
come facevi una volta. Sono cambiati i tempi, mamma,
ora le sere della trebbia non finiscono più
con le feste e qualche mietitore ubriaco
che insegue le lucciole, credendole
gli occhi del Signore.

Gnénte xè più bèo

Gnénte xè più bèo d'on cuore
che bàte forte parché inamorà.
Gnénte xè più bèo de 'na festa mata
dopo 'na vitoria, conquistà co fadiga.
Gnénte xè più dolçe de sponsàrse
dopo 'na sfadigà par on laóro inportante.
Córare forte co 'e ale del vento,
rìdare de gusto co i òci ch'i brila,
spetàre che riva el domàn d'on sogno,
pur savendo ch'él deventarà subiro naltro jèri.
So drìo çercàre on posto tranquillo,
dove 'e porte del destin 'e sia vèrte a l'amore,
dove i ricordi no i sia stràche memorie,
ma inpulsi de desideri e de vita.
Lo so ch'i giorni i xè cofà lampi,
ma a òlte xè bèo inmagarse par vardàre
'na nòte piena de stèle e de luna.
Gnénte parla più ciàro
d' on paro de scarpe bandonà viçin 'na valìsa.
'E xè cofà la firma de uno che xè partìo,
lassàndo tanti parché senza risposta.
Sogno sempre de dormire tòn lèto de nuvole
de bagnarme la facia co gòzze de sole
e da là sparpajàre tuti i sogni di putini
pa 'e strade del mondo
co la speranza più granda del cuore
ch'i òmani i possa rancurarli tuti
e po' vivare, volendose bèn.

Nulla è più bello

Nulla è più bello d'un cuore
che batte forte perché innamorato.
Nulla è più bello di una festa pazza
dopo una vittoria, conquistata con fatica.
Nulla è più dolce che riposarsi
dopo un lavoro importante.
Correre con le ali del vento,
sorridere di gusto con gli occhi che brillano,
attendere il domani da un sogno,
pur sapendo che diverrà subito un altro ieri.
Sto cercando un posto tranquillo,
dove le porte del destino siano aperte all'amore,
dove i ricordi non siano stanche memorie,
ma impulsi di desideri e di vita.
Lo so che i giorni sono come lampi,
ma a volte è bello smarrirsi per guardare
una notte piena di stelle e di luna.
Nessuno parla più sincero
di un paio di scarpe abbandonate vicino una valigia.
Sono la firma di uno che è partito,
lasciando tanti perché senza risposta.
Sogno sempre di dormire in un letto di nuvole
di bagnarmi la faccia con gocce di sole
e da là seminare tutti i sogni dei bambini
per le strade del mondo
con la speranza più grande del cuore
che gli uomini possano raccoglierli tutti
e poi vivere volendosi bene.

Come fióri finti

Quanti sogni, quante verità tel cuore,
scónte tra i ani zóvani e la realtà - domàn.
E chel scumiziàre sempre da nòvo,
vardàre sempre più 'vanti, crédare senpre.
Semo come i fióri finti che no i crésse mai,
o'e làgreme có 'e se confonde có la pióva.
Go provà a misurare có l'ànima
'e distanze tra 'e paure e i pensieri,
tra i siénzi e i baticuori del'amore,
ma tra 'na virgola del tempo
e 'na storia da vivare
go capìo che nó serve saràre i òci
par mazàre i sogni.
Çérto nessun ga mai condanà la giustizia,
anca se i poeti da ostarìa i scrive
che i fis-ci del vento i xè
i lamenti di condanà inocenti.
Camino su vèci ricordi de zoventù
có in man on mazéto de fiori,
ligà col spaghéto rosa,
e me védo, implorante davanti a 'na tósa,
recitare có passión 'e paróe di morósi.
Luci, òmbre, speranze e desideri,
có la vita che scàpa sempre più 'vanti,
intanto che nàltri,
condanà da 'e paróe di profeti,
s'impinimo i òci có frégoe de coràjo,
ilusi, come i fióri finti, de restàre a vivare
drènto la vetrina granda de 'e memorie.

Come fiori finti

Quanti sogni, quante verità nel cuore,
nascoste tra gli anni giovani e la realtà – domani.
E quel incominciare sempre di nuovo,
guardare sempre più avanti, credere sempre.
Siamo come i fiori finti che non crescono mai,
o le lacrime quando si confondono con la pioggia.
Ho provato a misurare con l'anima
le distanze tra le paure e i pensieri,
tra i silenzi e i batticuori dell'amore,
ma tra una virgola del tempo
e una storia da vivere
ho capito che non serve chiudere gli occhi
per ammazzare i sogni.
Certo nessuno ha mai condannato la giustizia,
anche se i poeti da osteria scrivono
che i fischi del vento sono
i lamenti dei condannati innocenti.
Cammino vecchi ricordi di gioventù
con in mano un mazzetto di fiori,
legati con il nastrino rosa,
e mi vedo, implorante davanti ad una ragazza,
recitare con passione le parole degli innamorati.
Luci, ombre, speranze e desideri,
con la vita che fugge sempre più avanti,
intanto che noi,
condannati dalle parole dei profeti,
ci riempiamo gli occhi con briciole di coraggio,
illusi, come i fiori finti, di restare a vivere
dentro la vetrina grande delle memorie.

El tenpo di sogni

Sédase àni,
i nostri sédase àni.
'E nostre massèe colore di pèrseghi,
e drènto i òci curiósi
chea vòja de conossare l'amore
granda cofà la paura.
I nostri primi apuntamenti,
frégoe de sogni
come sassi bianchi sul calar de la sera.

Tra i arfi di respiri
'e vóse del cuore, 'e se cuntàva paróe
fin che 'e deventava tanto pìcoe
da gnànca sentirle.

La verità la jèra on pensiero fisso,
dove 'e nostre figure insieme
'e disegnava on zògo nòvo.

Sui passi rossi del sole
'e nostre ònbre 'e caminava tacà.
Ridevino: nassèva l'idea
d'on baticuore mai conossésto.

Ghémo vu paura chel giorno,
quando se ghémo ciapà 'e man in man,
tremavino.

Se ghémo vardà ti òci,
e lì ghémo capio ch'él tenpo passàva
e noàntri cressìvino più sgoèlti di sogni.

Il tempo dei sogni

Sedici anni,
i nostri sedici anni.
Le nostre gote color pesca,
e negli occhi curiosi
quella voglia di conoscere l'amore
grande come la paura.
I nostri primi appuntamenti,
briciole di sogni
come sassi bianchi sul fare della sera.

Tra aliti e respiri
le voci del cuore, si raccontavano parole
finché divenivano tanto tenue
da non sentirle.

La verità era un pensiero fisso,
dove le nostre figure unite
disegnavano un gioco nuovo.

Sui passi rossi del sole
le nostre ombre camminavamo unite.
Ridevamo: nasceva l'idea
d'un batticuore mai conosciuto.

Abbiamo avuto paura quel giorno,
quando ci siamo presi le mani in mano,
tremavamo.

Ci siamo guardati negli occhi,
e lì abbiamo capito che il tempo passava
e noi si cresceva più svelti dei sogni.

Çérco

Çérco su 'e strade di ricordi
'e paróe ch'él tenpo ga desmentegà.
Çérco sui çiéi de la primavera
'e me volande de carta.
Çérco lóngo stradúni de tèra,
drìo i rivái di fòssi,
'e pèche di me piè descàlzi.
Çérco davanti a la scòla
'na maestra coi bòcoi bióndi
e 'e massèe coi pomùiti rossi.
Çérco drénto 'na casa vècia
i òci de me mama, de me opà,
on fogòlaro, 'na vècia carèga,
on lèto col pajón pién de scartòzi.
Çérco dedrìo d'on pajàro
el primo bàso che go dà a 'na putèa,
la só carèza molesina.
Çérco drènto la speranza
la man del destìn,
parchè la slónga par mi
ancora náltro domàn.
Çérco...ma no xè façie catàre
quélo ch'él cuore vorìa,
parché tuto scànpa via e gnénte tórna indrìo.
Çérco chi pensieri no i diventa ònbrie
e la fortuna, on òrbo che ghé core drìo.

Cerco

Cerco sulle strade dei ricordi
le parole che il tempo ha dimenticato.
Cerco sui cieli della primavera
i miei aquiloni di carta.
Cerco lungo sentieri agresti,
lungo le rive dei fossi,
le orme dei miei piedi scalzi.
Cerco davanti alla scuola
la maestra con i boccoli biondi
e le gote con i zigomi rossi.
Cerco dentro una casa vecchia
gli occhi di mia madre, di mio padre,
un focolare, una vecchia sedia,
un letto con il materasso di foglie.
Cerco dietro un pagliaio
il primo bacio che ho dato a una ragazzina,
la sua carezza delicata.
Cerco dentro la speranza
la mano del destino,
perché allunghi per me
ancora un altro domani.
Cerco…ma non è facile da trovare
quello che il cuore vorrebbe,
perché tutto fugge via e nulla ritorna.
Cerco che i pensieri non diventino ombre
e la fortuna, un cieco che la rincorre.

Có riva novembre

Có riva novenbre in canpagna,
nol se svèntola più el contadìn
col capéo de pàja
intanto ch'él se sponsa dal sole sòto i sàlisi,
né te lo vèdi andàre vèrso casa
có 'e stèle su 'e spàle,
stràco sul fare de la sera.
El fromentón l'è zà fato,
l'è panòce 'e xè color naranza,
có tanto de penàci in mostra
che apéna sùpia el vento par chi bàla.
'E ùltime fòje rosse de 'e végne
par che 'e zòga a scondaròla có 'e zèleghe,
fasendo l'océto tra i ramiti sèchi
a qualche ciméto de ùa desmentegà.
Xè zà l'ora de aràre de nòvo la tèra,
de preparare l'orto, e 'e róndane
'e parte par la so casa nòva.
Sòto la gronda i nidi i resta vòdi.
Davanti a 'e case se slónga presto l'onbrìa
e i bòcia i smete prima de zogare a còrarse drìo:
el sole ga pressia de 'ndàre a dormire.
L'aria la scumizia a èssare freschina.
De nòte el siénzio viola del ciélo
el pare 'na coérta de ovata disegnà,
distirà dessòra di campi e de 'e cantine.
Quando po' la matina vérze de nòvo l'òcio
e tut'intorno pare somenà de fòje zàle,
te vèdi i oselèti tuti inrufà becotàre có forza
le prime bache rosse che 'e nasse drìo 'e passàje.

Quando arriva novembre

Quando arriva novembre in campagna,
non si sventola più il contadino
con il cappello di paglia
intanto che si riposa dal sole sotto i salici,
non lo vedi più andare verso casa
con le stelle sulle spalle,
stanco sul fare della sera.
Il granoturco è già maturo,
le pannocchie sono colore dell'arancia,
con tanto di pennacchi in mostra
che appena soffia il vento sembrano ballare.
Le ultime foglie rosse delle vigne
sembrano giocare a nascondino con i passeri,
facendo l'occhietto tra i rami secchi
a qualche raspino d'uva dimenticato.
È già l'ora di arare di nuovo il terreno,
di preparare l'orto, e le rondini
partono per la loro casa nuova.
Sotto la gronda i nidi rimangono vuoti.
Davanti alle case s'allunga l'ombra
e i bambini smettono prima di giocare a rincorrersi:
il sole ha fretta di andare a dormire.
L'aria incomincia ad essere fredda.
Di notte il silenzio viola del cielo
assomiglia a una coperta di ovatta disegnata,
stesa sopra i campi e le cantine.
Quando poi il mattino apre di nuovo l'occhio
e tutt'intorno sembra seminato di foglie gialle,
tu vedi gli uccelletti tutti arruffati becchettare con forza
le prime bacche rosse che nascono lungo le siepi.

Frégoe de pan nero

Frégoe de pan nero
restà drènto 'na toàja,
catà stronfagnà tó 'na cassa in sofita.
Chee 'tórna
fiòle del vento e de la tèra,
a ricordarme la belèza di àni in erba
de 'na çéna poaréta sui zènoci.
Frégoe de pan nero
chee me disegnava la strada di sogni
su l'andàre de l'àqua di fòssi,
tra i colori e i profumi di canpi
o tel spetàre dedrìo d'on vero
che smetèsse de piòvare
pa' vèdare l'arcobaéno.
Frégoe de pan nero
sue man chee trema
come la me ànima, òmbre d'infanzia
del tenpo libaro de credare
'dèsso tel cuore restà putìn.
Frégoe de pan nero
che me càto ti òci
come stéle tacà al fio di pensieri
chee 'tòrna a vivarme drénto
có paróe vère.

Briciole di pane nero

Briciole di pane nero
rimaste dentro una tovaglia,
trovata sgualcita in una cassa in soffitta.
Che ritornano
figlie del vento e della terra,
a ricordarmi la bellezza degli anni d'infanzia
d'una povera cena sulle ginocchia.
Briciole di pane nero
che mi disegnavano la strada dei sogni
sull'andare dell'acqua dei fossi,
tra i colori e i profumi dei campi
o nell'attendere dietro un vetro
che smettesse di piovere
per vedere l'arcobaleno.
Briciole di pane nero
sulle mani che tremano
come la mia anima, ombre d'infanzia
del tempo libero di credere
ora nel cuore rimasto bambino.
Briciole di pane nero
che mi ritrovo negli occhi
come stelle appese al filo dei pensieri
che ritornano a vivermi dentro
con parole vere.

Te ricordito, amigo mio?

Te ricòrdito, amigo mio,
có caminavino descàlzi
pa sparagnàre 'e sòle de l'unico pàro de scarpe?
E la fame, te ricordito la fame?
Quanta!
Ghivino sempre un bùso tel stómego.
Te ricordito quando nostra mama la ne diséa:
"Preghé, fiòi, vedarì ch'él bòn Dio ve jutarà.
Lu si ch'él capisse i poarèti. Preghè.,,
Te ricordito ch'él dì
che semo 'ndà a robàre i pèrseghi tel vegnéto,
fin chi paróni i jèra a méssa.
Tuti i ga pensà chi fusse sta di vagabondi,
nessùn ga pensà a noàltri che ghivino fame.
A brontolàre più de tuti i jèra senpre quii,
quii chi magnava sempre,
matina, mezodì e sira.

I xè restà de là del muro – tempo i pensieri,
là dove ghémo lassà la nostra sportà de sogni
la nostra zoventù,
'e nostre ocasión perse, i nostri parché.
Xè impossibile dèsso darghe on nome a chi brividi.
Dèsso la nòte, mi la védo nàssare
col ciàro di lampióni,
ma nó 'e védo più 'e stèle, la bròsema, la luna,
passare da 'e sfesse de 'e porte e di balcóni
pàr vegnérme a catàre fin in lèto

Beh, desso só'n "signor,, amigo mio,
go la lavatrice, la televisión, el scaldapan ...
Ti, nó so dove ca te si, ma, Dio mio,
còssa che pagaria par tórnare indrìo...

Ti ricordi, amico mio?

*Ti ricordi, amico mio,
quando si camminava scalzi
per risparmiare le suole dell'unico paio di scarpe?
E la fame, ti ricordi la fame?
Quanta!
Avevamo sempre un buco nello stomaco.
Ti ricordi quando nostra mamma diceva:
"Pregate, figli, vedrete che il buon Dio vi aiuterà.
Lui sì che capisce i poveri. Pregate.,,
Ti ricordi quel giorno
che siamo andati a rubare le pesche nel vigneto,
finché i padroni erano a messa.
Tutti hanno pensato a dei vagabondi,
nessuno pensò a noi che avevamo fame.
A brontolare più di tutti erano sempre quegli,
quegli che mangiavano sempre,
mattina, mezzogiorno e sera.*

*Sono rimasti oltre il muro – tempo i pensieri,
là dove abbiamo lasciato la nostra borsa di sogni
la nostra gioventù,
le nostre occasioni perdute, i nostri perché.
È impossibile ora dare un nome a quei brividi.
Ora la notte, io la vedo nascere
con la luce dei lampioni,
ma non le vedo più le stelle, la brina, la luna,
passare dalle fessure delle porte e dei balconi
per venirmi a trovare fino sul letto.*

*Beh, ora sono un "signor,, amico mio,
ho la lavatrice, la televisione, il tostapane…
Tu, non so dove sei, ma, Dio mio,
cosa pagherei per ritornare indietro…*

Fiòlo mio...

Parlarte di me tenpi, fiòlo mio,
te vegnaria da rìdare,
te pararia inposibile scoltàre
verità fate de miserie.
Nó te capirè mai, fiòlo mio,
che 'na òlta la miseria
la coréa tra la me jènte
come 'e machine che ancuò
'e córe pa 'e strade sfaltà.
Nó te po' capire, fiòlo mio,
se te digo che a la sera
se ringraziava el Bòn Dio,
se dessòra de la tòla
se catàva coalcòssa da magnare.

E ti te disi che te ghè vint'ani
e te te senti on disgrazià.
E te me disi chi xè tenpi duri
par via che te ciàpi póchi schèi,
e te cúri in machina
e te vè a védare la partia fin in malórsega
e te ga on diploma in scarséa
e te te vestissi de róba firmà.
E te me disi che nessun te capisse,
che questo el xè on mondo roésso, baúco,
on mondo che n'àltri ghémo creà senza senso
che te vivi 'na zoventù strussià.
Né machine, né motoréte
ghéva la me zoventù,
ma sgàlmare có la sóla de legno
bòne par tute e stajón,
anca pa 'ndàre a messa el dì de Pasqua.

Figlio mio...

Parlarti dei miei tempi, figlio mio,
ti verrebbe da ridere,
ti sembrerebbe impossibile ascoltare
verità fatte di miserie.
Non capirai mai, figlio mio,
che una volta la miseria
correva tra la mia gente
come le macchine che oggi
corrono per le strade asfaltate.
Non puoi capire, figlio mio,
se ti dico che alla sera
si ringraziava il Buon Dio,
se sopra la tavola
si trovava qualcosa da mangiare.

E tu mi dici che hai vent'anni
e ti senti un disgraziato.
E tu mi dici che sono tempi duri
per via che prendi pochi soldi,
e corri in macchina
e vai a vedere la partita lontano
e hai un diploma in tasca
e ti vesti con roba firmata.
E tu mi dici che nessuno ti capisce,
che questo è un mondo rovescio, bacucco,
un mondo che noi abbiamo creato senza senso,
che tu vivi una gioventù inutile.
Né macchine, né motorette
aveva la mia gioventù,
ma zoccoli con la suola di legno
buone per tutte le stagioni,
anche per andare a messa il giorno di Pasqua.

Fiòi del progresso

Noàltri semo i fiòi del progresso,
cressù a pan e busìe,
bandonà dove tuti i parla de benessare;
semo on esercito de zóvani
che mai ghémo inparà a scoltàre,
parché nessun ne fa gnànca parlare.
Semo quii de la droga, di paradisi artificiali,
ribeli sènza amore, sènza la scòla di genitori;
quii chi vòe sfaltàre i deserti, chi sogna
volànde càrghe de bónbe
e mari stropà dal cemento;
semo la fàcia roesà da la storia,
quéa scónta a l'ònbra del domàn,
quéa che nó se sòfega có la gravata.
Semo 'na generazión senza 'na strada,
semo quii chi nó i sa dove andàre,
ma in machina corèmo a tuta velocità.
Semo tribù có i pensieri cativi
có 'e radio inpizà a tuto volume,
semo marionette che 'e bàla senza filo,
nuvóle t'on çiéo senza stéle, senza emozión;
semo quii chi ùrla ti canpi de balón,
semo i fiòi de l'amore desmentegà,
del tenpo perso, semo i fiòi del progresso.

Figli del progresso

Noi siamo i figli del progresso,
cresciuti a pane e bugie,
abbandonati dove tutti parlano di benessere;
siamo un esercito di giovani
che mai abbiamo imparato ad ascoltare,
perché nessuno ci fa neppure parlare.
Siamo quelli della droga, dei paradisi artificiali,
ribelli senza amore, senza la scuola dei genitori;
quelli che vogliono asfaltare i deserti, che sognano
aquiloni carichi di bombe
e mari chiusi dal cemento;
siamo la faccia rovescia della storia,
quella nascosta all'ombra del domani,
quella che non si soffoca con la cravatta.
Siamo una generazione senza una strada,
siamo quelli che non sanno dove andare,
ma in macchina corriamo a tutta velocità.
Siamo una tribù con i pensieri cattivi
con le radio accese a tutto volume,
siamo marionette che ballano senza filo,
nuvole in un cielo senza stelle, senza emozioni;
siamo quelli che urlano sui campi di calcio,
siamo i figli dell'amore dimenticato,
del tempo perso, siamo i figli del progresso.

La casa bianca

Me ricordo la casa bianca,
quéa infondo a la carezà
e chel nostro córare descàlzi,
la nostra vòja de domàn
e chel tó ridare che scopìava
come la bòca rossa di papàvari,
có la forza di tó sédase àni?
Insieme ghémo vèrto el cuore
a la prima stajòn de l'amore,
ma al crocivia del'infanzia
el muro di sogni fàzili
ga tajà la tó ala de la zoventù,
farfala a çércare vertigini d'ilusión
tel caice amaro de 'na siringa.
Xè ancora là, la casa bianca,
come fantasma d'on ricordo,
ma la porta no se vèrze al me peciàre,
la tó ànima, mi la vèdo, inzenocià
su l' altàre d'on busiàro paradiso.
Tra 'e conchilie vóde di pensieri
destiro 'e man senza speranza.
Vorìa càtare 'e paróe par 'na preghiera,
ma el vento me porta solo
l'ònbra muta di tó òci
chi çérca tel sogno 'na casa bianca
e 'na carezà piena de rose e de papàvari.

La casa bianca

Mi ricordo la casa bianca,
quella infondo al sentiero
e quel nostro correre scalzi,
la nostra voglia di domani
e quel tuo sorriso che scoppiava
come la bocca rossa dei papaveri,
con la forza dei tuoi sedici anni?
Insieme abbiamo aperto il cuore
nella prima stagione dell'amore,
ma al crocevia dell'infanzia
il muro dei sogni facili
ha tagliato la tua ala di gioventù,
farfalla a cercare vertigini d'illusioni
nel calice amaro d'una siringa.
È ancora là, la casa bianca,
come fantasma d'un ricordo,
ma la porta non si apre al mio picchiare,
la tua anima, io la vedo, inginocchiata
sull'altare d'un bugiardo paradiso.
Tra le conchiglie vuote dei pensieri
stendo le mani senza speranza.
Vorrei trovare le parole per una preghiera,
ma il vento mi porta solo
l'ombra muta dei tuoi occhi
che cerca nel sogno una casa bianca
e un sentiero pieno di rose e di papaveri.

La tèra di noni

Camino vardàndome tórno,
l'asfalto buta su l'ànima del sole
ancora prima che s'impiza i lampióni.
Questa no la xè la tèra di noni
dove ghévo lassà el vento verde de marzo
e 'e sere có l'òcio rosso del'orizonte..
Chi el Cristo de'e bròseme nó ga paróe
da ùrlare a 'e stèle de la nòte,
ma fantasmi indifarenti a 'e radise del cuore
par di rimpianti chi scava nude verità.
Dove xèa l'ostarìa dove se faséa supèta drènto el vin
con tòco de pan duro, vanzà da dó tre dì?
Dove xèo el fosso ch'èl cantàva có 'e rane,
'e paróe che'e faséva diventare ' e massèe de fògo
'péna nasséa on amore nòvo?
Xè inutile çèrcare el profio de la luna
drìo 'e stradéte ingatejà tórno i palazi.
El vento ch'èl basàva 'e more su'e rantane
nol savéa de'e strade senza ragni
e de 'e me scarpe massa nete
senza più 'e carezà de'e brùscoe e de ' e pèche di buò.
La luna passa e ripassa sue rame del'autùno,
ma dapartuto dove mi vardo, cato sogni ormai pistà
e fago fadiga a capire, o a farme na rasón:
xè cofà ca vardèsse dal'alto in basso
o lezèsse on libro, scomiziando da la fine.

La terra dei nonni

Cammino guardandomi intorno,
dall'asfalto ritorna l'anima del sole
ancor prima che si accendano i lampioni.
Questa non è la terra dei nonni
dove avevo lasciato il vento verde di marzo
e le sere con l'occhio rosso dell'orizzonte.
Qui il Cristo delle rugiade non ha parole
da urlare alle stelle della notte,
ma fantasmi indifferenti alle radici del cuore
per dei rimpianti che scavano nude verità.
Dov'è l'osteria dove s'inzuppava nel vino
un tozzo di pane vecchio, avanzato da due tre giorni?
Dov'è il fosso che cantava con le rane
e le parole che arrossavano le gote
appena nasceva un amore nuovo?
È inutile cercare il profilo della luna
lungo stradine intorno ai palazzi.
Il vento che baciava le more sui rovi
non sapeva delle strade senza ragni
e delle mie scarpe troppo spazzolate
senza più il sentiero dei bruscoli e delle orme di buoi.
La luna passa e ripassa sui rami dell'autunno,
ma ovunque io guardi, trovo sogni ormai calpestati
e faccio fatica capire, o farmi una ragione:
è come che guardassi dall'alto in basso
o leggessi un libro, cominciando dalla fine.

Scarsèle vòde

Vorìa pitùrarme 'e man de azuro
par colorare el çiéo de l'inverno,
quando la fumàra, grisa e tacolènte,
la intabara sta nostra tèra, ste nostre case.
E vorìa averlo ancora ti òci l'oro del froménto,
dèsso ch'él sole de giugno el ga desmentegà
el seghéto di meandìni
par andàre drìo 'e vòje del pan mecanico,
dove forno e munaro i xè di robot de fèro.
'E ghémo desmentegà 'e paróe di nostri pàri,
l'eredità del sudòre, i çiéi có i arcobaéni,
da quando la vòja de deventare sióri
ga imparà la strada di papàvari.
Mi 'e go viste 'e żèleghe sgrafàre el çiéo
fin a farlo sangoanàre te l'ora de la sera,
e lo go sentio el sole di poaréti piànzare
intanto che 'e òmbre de la miseria 'e se slongàva
a disegnare 'e paure di nòvi domàn,
drènto case de pièra vèce e screpolà.
Su l'erba di spagnàri 'e xè cresù 'e me ilusión
e drènto chi fenìli, verti come archi,
mi go pianto e sognà, spetàndo de devèntare òmo.
El xè finìo el tempo che se balàva sui sélesi,
el tempo de 'e scarsèle piene de sogni,
el tempo d'on fiasco de vin bevù in compagnia.
Dèsso, là dove ghe jèra 'e pèche di nostri piè descàlzi,
ghè xè del cemento pien de strisse de copertóni,
ma de erba nó se né véde gnànca on péo.

Tasche vuote

Vorrei pitturarmi le mani d'azzurro
per colorare il cielo dell'inverno,
quando la nebbia, grigia e appiccicosa,
intabarra questa nostra terra, queste nostre case.
E vorrei averlo ancora negli occhi l'oro del grano,
ora che il sole di giugno ha dimenticato
la falce dei mietitori
per seguire le voglie del pane meccanico,
dove forno e mugnaio sono dei robot di ferro.
Le abbiamo dimenticate le parole dei nostri padri,
l'eredità del sudore, i cieli con gli arcobaleni,
da quando la voglia di arricchire
ha imparato la strada dei papaveri.
Io li ho visti i passeri graffiare il cielo
fino a farlo sanguinare nell'ora della sera,
e l'ho sentito il sole dei poveri piangere
intanto che le ombre della miseria s'allungavano
a disegnare le paure dei nuovi domani,
dentro case di pietra vecchie e screpolate.
Sull'erba dei medicai sono cresciute le mie illusioni
e dentro quei fienili, aperti come archi,
io ho pianto e sognato, aspettando di diventare uomo.
È finito il tempo che si ballava sulle aie,
il tempo delle tasche piene di sogni,
il tempo d'un fiasco di vino bevuto in compagnia.
Ora, là dove cerano le orme dei nostri piedi scalzi,
c'è del cemento pieno di strisce di copertoni,
ma di erba non c'è né neppure un pelo.

On viso, on pensiero...

Vàrdo inmagà 'e ore de la sera,
distirarse mute sul fio lóngo de l'orizonte,
là dove la tèra e la nòte 'e s'inmissia
có 'e ùltime spenelà del sole.
Da distante, scoàsi on suspìro, sento cantare
vèce nine nane, tórno cune de legno
có drènto di putìni chi dorme.
A òlte sènto el bisogno de fare on sàlto
indrìo tel tempo, drènto la penombra del cuore,
parché xè là che xè restà el spècio di me sogni.
A òlte i pensieri, i ricordi i xè come ónge
che tèa lavagna di giorni 'e sgrafa l'ànima,
fin a deventare gròpi de pianto firmi in gòla,
ma anca vòja de ridare a piena bòca.
La memoria, po,' la soméja a on labirinto
ch'él va zò come 'na scala stòrta
fin dove l'istinto scónde la so féta de vita.
Xè da lì che ogni tanto riva su,
come 'na fotografia,
on viso caro, on pensiero, 'na inmagine.
Eco me nono, col so pan nero,
quélo ch'él jèra sempre poco,
ma ch'él ghéva da bastare, parché diséa lu:
- No ghe xè altro da magnare.
Mi che 'na òlta go bontolà de più,
pronto el ma risposto:
- Ti sta zito!
Ti te si uno de quei chi s'inamora del siénzio
çinque minuti prima de svejàrse
par desmentegarte l'ora de andàre a laórare.

Un volto, un pensiero…

Guardo meravigliato le ore della sera,
distendersi mute sul filo lungo dell'orizzonte,
là dove la terra e la notte s'immischiano
con le ultime pennellate del sole.
Da lontano, quasi un sospiro, sento cantare
vecchie ninne nanne, intorno culle di legno
con dentro dei bambini che dormono.
A volte sento il bisogno di fare un salto
a ritroso nel tempo, dentro la penombra del cuore,
perché è là che è rimasto lo specchio dei miei sogni.
A volte i pensieri, i ricordi sono come unghie
che nella lavagna dei giorni graffiano l'anima,
fino a farsi nodi di pianto fermi in gola,
ma anche voglia di ridere a piena bocca.
La memoria, poi, assomiglia a un labirinto
che va giù come una scala storta
fin dove l'istinto nasconde la sua fetta di vita.
È da lì che ogni tanto arriva,
come una fotografia,
un viso caro, un pensiero, una immagine.
Ecco mio nonno, con il suo pane nero,
quello che era sempre poco,
ma che doveva bastare, perché diceva lui:
- Non c'è altro da mangiare.
Io che una volta ho brontolato di più,
pronto mi ha risposto:
- Tu sta zitto!
Tu sei uno di quelli che s'innamorano del silenzio
cinque minuti prima di svegliarsi
per dimenticare l'ora di andare a lavorare.

Basta girare i òci intórno

Se dise che in sti ùltimi çinquant'àni
el mondo el sia canbià cussì tanto
che ànca lu el crede de èssare nàltro.
Me ricordo in canpagna
ghe jèra quatro case inpiantà
tra on canpo de fromentón e uno de froménto,
dèsso i ga fabrica tanti palazi e viléte
che la jènte gnànca più la se conosse.
Quanto te giri i òci intórnovia, te vidi solo
machine, banche e negozi de conpiutere.
Gnànca più te te la sogni la botéga del casoìn,
'e ostarie. Dèsso ghe xè i bar, i pub, i supermarcà.
No se crónpa gnénte col libreto del "pagarò ",:
bisogna vére la tèssara del bancomat.
Semo passà dal lusso de vère 'na bicicréta,
a la machina turbo col satèlitare incorporà,
dai òmani chi 'ndàva in giro col vestitin stirà,
bèi, lustri, coi cavji inpomatà,
petenà a la mascàgna, ai tósi de dèsso
chi va in giro có la testa tuta lustra e rasà,
mèzi nudi e mèzi vestii có 'e bràghe ròte o pezzà.
E 'e dòne! Quée de na òlta 'e sognava de maridarse
có l'abito bianco, 'e portava di mudandoni
lunghi fin al zenòcio e ànca più in zò;
quée de dèsso, pàr fare 'e prove de matrimonio,
'e va a vivare col moróso tri dì dopo
chi s'à conossèsto. 'E porta de 'e minigone
alte dò schèi, e se te ghe dissi che se védeee...
'e te risponde:
Te si restà indrìo co i tenpi, amigo,
"La ròba bèa la xè fata par èssare mostrà,".

Basta guardare intorno

Si dice che in questi ultimi cinquant'anni
il mondo sia cambiato così tanto
che anche lui crede d'essere un altro.
Mi ricordo in campagna
c'erano quattro case messe lì
tra un campo di mais e uno di frumento,
ora hanno fabbricato tanti palazzi e villette
che la gente neppure si conosce.
Quando giri l'occhio intorno, vedi solo
macchine, banche e negozi di computer.
Neppure la si sogna la bottega del salumiere,
le osterie. Ora ci sono i bar, i pub, i supermercati.
Non si compra nulla con il libretto del "pagherò ,,:
si deve avere la tessera del bancomat.
Siamo passati dal lusso d'una bicicletta,
alla macchina turbo con il satellitare incorporato,
dagli uomini che andavano in giro con il vestitino stirato,
belli, lustri, con i capelli impomatati,
pettinati alla mascagna, ai ragazzi d'oggi
che vanno in giro con la testa lucida e rasata,
mezzi nudi e mazzi vestiti con i calzoni rotti o pezzati.
E le donne! Quelle d'una volta sognavano di sposarsi
con l'abito bianco, portavano le mutande
lunghe sino al ginocchio e anche più in giù;
Quelle d'oggi, per fare le prove di matrimonio,
vanno a vivere col fidanzato tre giorni dopo
che l'hanno conosciuto. Portano delle minigonne
alte due soldi, e se le dici che si vedeee…
ti rispondono:
Sei rimasto indietro con i tempi, amico,
" la roba bella è fatta per farla vedere,,.

Vèce boarie

A la matina, péna el gàlo ghéva cantà,
te sentivi ciamàrse da tuti i cantóni:
'e mame 'e ciamàva i fiòli chi se alzasse,
i òmani i se ciamàva fra lori par 'ndàre a laoràre,
'e vache 'e mutelàva, parché jèra ora de magnare.
I toséti, qui 'na s-ciànta più grandi,
i 'ndàva al pòzo a lavarse el viso,
ma, traversando la corte, i spaventava 'e bestie.
Ànare, òche, galine, pitóne, feraóne
'e scapàva via pechezàndo dapartùto
fin a fare on fumarón có la tèra de la corte.
I toséti, péna lavà, i partia, par 'ndàre a scòla,
e tuti có 'e so sgalmarìne in piè.
A la sera, péna finìo de magnare,
i bòcia i s'indormezàva
on fià dapartùto, chi có la testa desóra la tòla,
chi spozà a la cradènza,
chi desóra on sàco de froménto.
Ogni tanto te védevi passare 'na mama
che la ghe n'eva uno in copéta da portare in lèto.
A òlte, d'istà, i preparava da magnàre sóto el portegàle.
A capo tòla ghe jèra el vècio có la nona – paróna,
po' tuti i fiòli, có vizin i so puteléti più grandi;
'e puteléte invènze 'e faséa on s-ciàpeto da par lóre.
A òlte ghe jèra anca qualche moróso.
In parte, scoàsi desmentegà, i bocèta più pìcoli
i caminava a gatomegnào desóra di sachi,
ghe ne jèra chi magnava col sculièro, àltri col pirón,
ma i dipiù i magnàva có 'e man, magari spartìndo
la so parte col can o col gàto o có qualche gaìna.

'E boarie 'e jèra de 'e corte grande assè,
dove a viveva 'e faméje patriarcali contadine

Vecchie cascine

Al mattino, appena il gallo aveva cantato,
sentivi chiamare da tutte le parti:
le mamme chiamavano i figli che si alzassero,
gli uomini si chiamavano tra loro per andare a lavorare,
le mucche muggivano, perché era l'ora di mangiare.
I ragazzetti, quelli un po' più grandi,
andavano al pozzo a lavarsi il viso,
ma, attraversando l'aia, spaventavano le bestie.
Anatre, oche, galline, tacchine, polastre
scappavano un po' ovunque
fino a creare un nebbia con la terra dell'aia.
I ragazzetti, appena lavati, partivano, per andare a scuola,
tutti con i suoi zoccoli di legno ai piedi.
Alla sera, appena finito di mangiare,
i bimbi s'addormentavano
un po' dappertutto, chi con la testa sopra la tavola,
chi appoggiato alla credenza,
chi sopra un sacco di frumento.
Ogni tanto si vedeva passare una mamma
che ne aveva uno sulle spalle da portare a letto.
A volte, d'estate, preparavano da mangiare sotto il portico.
A capotavola c'era il vecchio con la nonna – padrona,
poi tutti i figli, con vicino i loro puteletti più grandi;
le putelette invece facevano un gruppetto da sole.
A volte c'era anche qualche fidanzato.
In parte, quasi dimenticati, i bimbi più piccoli
camminavano a gattoni sopra i sacchi,
c'era chi mangiava con il cucchiaio, altri con la forchetta,
ma i più mangiavano con le mani, magari dividendo
la loro parte con il cane o con il gatto o con qualche gallina.

Le cascine erano delle corti grandi,
dove vivevano le famiglie patriarcali contadine.

Ghe sta on tenpo...

La polènta in mézo a la tòla,
la rénga infumegà, ligà a on spàgo
messo tacà a on ciòdo del trave.
'Na tociàdina e via, polènta e profumo,
parchè la ghéva da durare 'na stimàna.
Ghè sta on tenpo che 'e mame
nó 'e riussiva gnànca a regalare on sogno ai fiòi
e a òlte parfin el cuore el paréa stràco,
stufo de spetàre la fortuna sperà.
Quando 'e faséva la bugà,
'e scriveva poesie te l'ànima di pani,
tanto che, quando i li metéa a sugàre,
ogni ciapìn el tegnéa fermo
'na miara de preghiere inmissià co 'e maledizión,
'na s-ciànta de vita e na mastèla de làgreme.
A la nòte nessun saràva 'e porte de casa.
Parché nessun 'ndàsea a robàre la miseria?
Solo i sogni i ghéva la libertà de scanpàre
par 'ndàre più distante chi podéva.
Qualcun, par farse coràjo, el disea:
"Xè vero che dèsso semo poariti assè, ma on dì
el Signore el ne vardarà co l'òcio bòn.,,
Ghe scrito anca ti libri de la cèsa
chi poarìti i 'ndarà tuti in paradiso,
cussì, co semo " la de là, ,, ridaremo de gusto,
pensando a sti giurni d'inferno che passèmo dèsso.

C'è stato un tempo...

La polenta in mezzo alla tavola,
l'aringa affumicata, legata a un spago
messo appeso a un chiodo della trave.
Una toccatina e via, polenta e profumo,
perché doveva durare una settimana.
C'è stato un tempo che le mamme
non riuscivano a regalare un sogno ai figli
e a volte perfino il cuore sembrava stanco,
stufo di aspettare la fortuna sperata.
Quando facevano il bucato,
scrivevano poesie nell'anima dei panni,
tanto che, quando li mettevano ad asciugare,
ogni molletta teneva ferma
una miriade di preghiere associate alla maledizioni,
un po' di vita e un mastello di lacrime.
Alla notte nessuno chiudeva le porte della casa.
Perché nessuno andava a rubare la miseria?
Solo i sogni avevano la libertà di fuggire
per andare più lontano che potevano.
Qualcuno, per farsi coraggio, diceva:
" È vero che ora siamo poveri assai, ma un giorno
il Signore ci guarderà con l'occhio buono.,,
C'è scritto anche nei libri della chiesa
che i poveri andranno tutti in paradiso,
così, quando saremmo " nell'aldilà ,, rideremo di gusto,
pensando a questi giorni d'inferno che passiamo ora.

La pèrgola

Sòto la vècia pèrgola de ùa nostrana,
dove la carèga de me nono la paréva inpiantà,
el tempo e la casa bianca a pare chi sia ancora là,
firmi a spetàre che mi me decida a tórnare indrìo.
'E fòje zàle e rosse, che d'istà 'e ridéa
te l'ora de l'Avemaria, nó 'e ghè più
e la vóse de me nono, che ogni tanto el me ciamàva,
la xè andà a córare ti spagnàri del vento,
dove 'e ànime di òmani bòni 'e mete 'e man a scudéa
par rancuràre gòze de ricordi.

Oltre la porta, sbarà da dó tri cadenàzi
par via di ladri, ghè el mondo nòvo,
quélo de 'e machine, quélo che vivo dèsso,
quélo che córe, quélo che ga pressia.
Ogni tanto lo vèdo el sole di me ricordi,
quélo che brusàva te 'e me corse da putéo
lo vèdo inpizàrse drènto on reclam de la televisión,
ma nol me scalda, el me fa solo ràbia.
La me ànima la xè restà là,
come 'na firma fata col cuore te 'na carta inportante,
soratùto dèsso, che i me giorni i se pètena pian
có i respiri sempre più curti del tempo.
Te 'e sere de vento, tiro 'e rèce curiose
come voésse scóltare la vóse de 'na vècia carèga,
restà inpiantà sòto la pèrgola de ùa nostrana.

La pergola

Sotto la vecchia pergola d'uva nostrana,
dove la sedia del nonno sembrava impiantata,
il tempo e la casa bianca sembrano ancora là,
fermi ad aspettare che io decida di ritornare.
Le foglie giallo - rosse, che d'estate ridevano
nell'ora dell'Avemaria, non ci sono più
e la voce del nonno, che ogni tanto mi chiamava,
è andata a correre nei prati del vento,
dove le anime degli uomini buoni mettono le mani a tazza
per raccogliere gocce di ricordi.

Oltre la porta, chiusa con due tre catenacci
per via dei ladri, c'è il mondo nuovo,
quello delle macchine, quello dove vivo ora,
quello che corre, quello che ha fretta.
Ogni tanto lo vedo il sole dei miei ricordi,
quello che bruciava nelle mie corse di ragazzo
lo vedo accendersi dentro un reclame della televisione,
ma non mi scalda, mi fa solo rabbia.
La mia anima è rimasta là,
come una firma fatta con il cuore su una carta importante,
soprattutto ora, che i miei giorni si pettinano piano
con i respiri sempre più corti del tempo.
Nelle sere di vento, allungo le orecchie curiose
come volessi ascoltare la voce d'una vecchia sedia
rimasta impiantata sotto la pergola di uva nostrana.

Sul profio de la sera

Drìo el bancón de l'Àdese
'na volànda, restà bandonà,
a pare che la sia indormezà,
tacà a on cào de rantàna
o che la sia sta lassà lì aposta
da la man d'on putìn
par segnare 'na pèca d'on pensiero.
Quante memorie strucà drènto 'e man
de tuti chi tosìti chi córea descàlzi,
in bràzo ai colori del sole,
dèsso deventà òmani in bràzo al mondo
come 'e ciàcoe di amori puteleti
chi resta par sempre firmi t'on cantón del cuore
o scrìti tel diario de la zoventù.
Có on fio de erba in bòca,
me destiro tra l'ònbria de on sàlese
e 'na spièra de sole che me scuriosa tórno.
M'inmago a vardàre 'e nùvoe còrarse drìo
e i rondóni fare giraòlte dessòra di spagnàri.
On can el bàja e on lièegore el scàpa
pa scóndarse dedrìo d'on salgàro.
El tempo passa drènto l'àtimo d'on pensiero
come on sogno che se fa brìvido d'ànima
a lèzare 'e paróe d'on vècio poeta,
scrite sul profio de la sera.

Sul profilo della sera

Lungo l'argine dell'Adige
un aquilone, rimasto abbandonato,
sembra che sia addormentato,
appeso ad rametto di rovo
o che sia stato lasciato lì di proposito
dalla mano d'un bambino
per segnare un'orma di pensiero.
Quante memorie strette dentro le mani
di tutti quei ragazzini che correvano scalzi,
tra le braccia colorate del sole,
ora divenuti uomini tra le braccia del mondo
come le chiacchiere degli amori giovani
che rimangono sempre fermi in un angolo del cuore
o scritti nel diario della gioventù.
Con un filo d'erba in bocca,
mi stendo tra l'ombra d'un salice
e un raggio di sole che mi curiosa intorno.
Smarrito guardo le nuvole rincorrersi
e le rondini fare giravolte sopra i prati.
Un cane abbaia a una lepre che fugge
per nascondersi dietro una pioppo.
Il tempo passa dentro l'attimo d'un pensiero
come un sogno che si fa brivido dell'anima
a leggere le parole d'un vecchio poeta,
scritte sul profilo della sera.

La pressia

Che la vita la sia bèa, la xè verità,
che la sia vivesta massa in pressia,
questa la xè n'àltra verità.
Se ghèmo mai fermà a vàrdare i putìni có i zòga,
se ghèmo mai fermà a scoltàre la piòva,
có la bate su'e brùscoe cascà dai àlbori?
Ghémoja mai vardà 'na farfalla volare sui fiori,
el sole nàssare de matina presto?
Mi nó so còssa la sia tuta sta pressia!
El tempo el xè poco, la vita la xè curta.
Se coremo tuto el giorno,
quand'è che catèmo el tempo
pa' domandarse chi ca semo?
Né convién andàre na s-ciànta più pian.
Ghémo mai dito a nostro fiòlo:
- Lassa stare, lo faremo domàn?
E corendo in pressia, la ghémoja mai vista
la nostra tristezza o la nostra feliçità?
Quante òlte na bòna amicizia
la ghémo lassà perdare,
parché nó ghìvino gnànca el tempo
par dirghe a on amigo solo "ciào".
Xè mèjo ca ralentemo, che nó stemo a córare.
Nó serve andàre forte par vivare contenti.
Quando se core par andàre a 'na festa,
rivare massa presto xè robàre la sorpresa a chi spèta.
Quando s'inrabiemo parché xè finio el giorno
e né restà on sàco de ròbe da fare,
nó stemo a ciapàrsea. La vita la xè on regalo,
nó stemo vere pressia de tòrghe el scartòzo.
La vita nó la xè na corsa a premi,
la vita la xè na canzón piena de melodia.
Scoltandola in pressia, no sentiremo mai la musica.

La fretta

Che la vita sia bella, è verità,
che sia vissuta troppo in fretta,
questa è un'altra verità.
Ci siamo mai fermati a guardare i bambini che giocano,
ci siamo mai fermati ad ascoltare la pioggia,
quando batte sui bruscoli caduti dagli alberi?
Abbiamo mai guardato una farfalla volare sui fiori,
il sole nascere di buon mattino?
Io non so cosa sia tutta questa fretta!
Il tempo è poco, la vita è corta.
Se corriamo tutto il giorno,
quand'è che troviamo il tempo
per domandarci chi siamo?
Ci conviene andare un poco più piano.
Abbiamo mai detto a nostro figlio:
- Lascia stare, lo faremo demani?
E correndo in fretta, l'abbiamo mai vista
la nostra tristezza o la nostra felicità?
Quante volte una buona amicizia
l'abbiamo lasciata perdere,
perché non avevamo neppure il tempo
per dire a un amico solo " ciao".
È meglio che rallentiamo, è inutile correre.
Non serve andare forte per vivere contenti.
Quando si corre per andare a una festa,
arrivare troppo presto è rubare la sorpresa a chi aspetta.
Quando ci arrabbiamo perché è finito il giorno
e ci rimane tante cose da fare,
non occorre prendersela. La vita è un regalo,
non serve avere fretta di scartarlo.
La vita non è una corsa a premi,
la vita è una canzone piena di melodia.
Ascoltandola in fretta, non sentiremo mai la musica.

Có se portava i sandali

Quando la fumàra la vestiva de griso
fin dove rivava i confini de l'aria,
anca mi go visto i giorni cói òci de la fame.
Vestisso la memoria coi ricordi de l'infanzia:
tenpo che mai go scanceà.
No çérco de consolarme cuntàndome storie,
ormai anca mi respiro l'odore de 'e piere,
desméntego di amighi che, partindo,
i ma saludà co i òci pieni de làgreme.
D'istà el sole passava traverso i canpi
fin a cavare sólchi de sudòre
su l'ànima de 'e stajón. Xèa questa la vita?
Sto vardàrse in fàcia co la testa bassa,
sto tegnére de continuo 'e man giunte,
sperando che 'e preghiere 'e deventa verità?
Jèrino in tanti che sognavino a òci verti
fin a caminare có la cossienza drènto el destin.
'No! Mi da grande nó ghe stàgo chi
dove se muore on fia ogni dì,,,
cussì i diséa i zóvani ùrlando de rabia.

I xè sta in tanti a lassàre sta tèra.

Dèsso el xè on sole grasso che brusa
el córare di giorni, e ànca la fumàra
la pare più ciàra, indormazà sóto i lanpióni.
I xè distanti i àni de la pòvera jènte
che la portava i sandali anca d'inverno,
o de quii chi xè 'ndà a çercàre fortuna
pàr scumiziare 'na nòva vita da vivare.
Còssa chi ga catà, nó se sa.
El paradiso, forse, o l'inferno,
ma scoàsi nessun xè tornà.

Quando si portavano i sandali

Quando la nebbia vestiva di grigio
fin dove arrivavano i confini dell'aria,
anch'io ho visto i giorni con gli occhi della fame.
Vesto la memoria con ricordi d'infanzia:
tempo che mai ho cancellato.
Non cerco di consolarmi raccontandomi storie,
ormai anch'io respiro l'odore delle pietre,
dimentico degli amici che, partendo,
mi salutarono con gli occhi pieni di lacrime.
D'estate il sole passava attraverso i campi
fino a scavare solchi di sudori
sull'anima delle stagioni. È questa la vita?
Questo guardarsi in faccia con la testa bassa,
questo tenere di continuo le mani giunte,
sperando che le preghiere diventino verità?
Eravamo in tanti a sognare ad occhi aperti
fino a camminare con la coscienza dentro il destino.
"No! Io da grande non ci sto qui
dove si muore un poco ogni giorno",
così dicevamo i giovani urlando di rabbia.

Sono stati in molti a lasciare questa terra.

Ora è un sole grasso che brucia
la corsa dei giorni, e anche la nebbia
sembra più chiara, addormantata sotto i lampioni.
Sono lontani gli anni della povera gente
che portavano i sandali anche d'inverno,
o di quegli che sono andati a cercare fortuna
per incominciare una nuova vita da vivere.
Cosa hanno trovato, non si sa.
Il paradiso, forse, o l'inferno,
ma quasi nessuno è tornato.

Cussi xè canbià el tenpo

- Spèta, nono, i m'à mandà on s.m.s.
Cussì m'à dito me neódo de òto ànni.
- Còssa xèo on s.m.s go domandà.
- El xè on scrito da lèzare sul celulare,
madòna, nono, no te sa gnénte.
- Se penso ai me tenpi, caro el me putìn,
me ricordo bèn, a scòla,
ala tó età, fasivino ancora 'e aste.
Ghe jèra più fiòi analfabeta,
de quii bòni de lèzare o scrivare.
La jènte da campàgna no la jèra studià,
quii bravi, i ghéva fato si o no,
la prima o la seconda 'lementare.
Pàr magnare e laoràre, i diséa i vèci,
no ghe bisogno de 'ndàre a scòla.
Quando i vendéva qualcòssa,
on mùsso, on buò, el bosegàto, mediatori
e paróni i firmava con strucòto de man.
I òmani chi voéva saére de più,
conóssare ròbe inportante, ròbe de çità,
i 'ndàva in ostaria o al marcà.
Pàr 'e dòne la jèra la stessa ròba,
no ghe jèra " novela 2000 ,, " sorisi e canzóni,,.
I giornài i jèra 'e ciàcole, i petégoizzi a la pónpa
có 'e 'ndàva a tórse l'àqua
o in botéga dal casolìn, co 'e 'ndàva
a tórse el magnare.
Dèsso i fa i cunti co la machineta 'letronica
i te dà anca el scuntrin.
'Na òlta i botegàri i scrivéa col lapis,
i ghéva la léngoa blu a forza de lecàrghe la pónta.
El scuntrin el jèra on tòco de carta zàla
e i numari cussì grandi chi paréa farfae.

Drin...drin... - spéta, nono, m'à sonà nàltro s.m.s.

Così è cambiato il tempo

- Aspetta, nonno, mi hanno mandato un s.m.s.
Così mi ha detto mio nipote di otto anni.
- Cos'è un s.m.s. caro, ho chiesto.
- È un messaggio da leggere sul cellulare,
madonna, nonno, non sai niente.
- Se penso ai miei tempi, caro il mio bambino,
lo ricordo bene, a scuola,
alla tua età, facevamo ancora le aste.
C'erano più bambini analfabeti,
di quelli capaci di leggere o di scrivere.
La gente di campagna non studiava,
quelli bravi, avevano fatto sì o no,
la prima o la seconda elementare.
Per mangiare e lavorare, dicevano i vecchi,
non c'è bisogno di andare a scuola.
Quando vendevano qualche cosa,
un asino, un bue, un maiale, mediatori
e padroni firmavano con una stretta di mano.
Gli uomini che volevano saperne di più,
conoscere cose importanti, cose di città,
andavano all'osteria o al mercato.
Per le donne era la stessa cosa,
non c'era " novella 2000 ,, " sorrisi e canzoni ,,.
I giornali erano la chiacchiere, i pettegolezzi alla fontana
quando andavano a prendersi l'acqua,
o nei negozi di generi alimentari,
quando andavano a prendersi da mangiare.
Ora fanno i conti con la calcolatrice
ti danno anche lo scontrino.
Una volta i bottegai scrivevano con il lapis,
avevano la lingua blu per le volte che leccavano la punta.
Lo scontrino era un pezzo di carta gialla
e i numeri così grandi che sembravano farfalle.

Drin...drin...aspetta, nonno, ha suonato un altro s.m.s.

Çérco de capire

Me piase caminare drènto i giorni,
có la vòja sempre nòva de capire,
se xè véro che la vita ne vàrda.
Da 'e ciàcoe de la jènte s'impara solo
che la ròba più importante i xè i schèi,
che tuti semo prigionieri de la paura
o soldà al servizio de chi ùrla più forte.
La colpa de la miseria
la xè d'imbrojóni chi pensa solo par lùri.
Intanto 'e goére nó 'e se cùnta,
'e tragedie 'e xè sempre de più,
la jènte la se còpa in tute 'e maniere.
Ghémo vestio el dolore
có l'abito de l'indifarenza,
ghè paesi intieri che tribòla la fame.
Ogni dì nasse 'na asociazión par la pace,
ogni dì nasse on comitato contro la schiavitù,
i poitici i gira el mondo in lóngo e in làrgo
par catare 'na soluzión,
ma la ciàve che fa stare bèn tuti insieme
nó ghè nessun che riessa a tirarla fòra.
Sirà parché el frùto del " perdono ,,
el cresse solo tel giardìn del cuore
e par destàcarlo ghe vòe la man de l'amore,
sirà par questo che i popoli del mondo
no i ga gnancóra imparà a volerse bèn?

Cerco di capire

Mi piace camminare dentro i giorni,
con la voglia sempre nuova di capire,
se è vero che la vita ci guarda.
Dalle voci della gente s'impara solo
che la roba più importante sono i soldi,
che tutti siamo prigionieri della paura
o soldati al servizio di chi urla più forte.
La colpa della miseria
è degli imbroglioni che pensano solo a loro.
Intanto le guerre non si contano,
le tragedie sono sempre di più,
le genti s'ammazzano in tutte le maniere.
Abbiamo vestito il dolore
con l'abito dell'indifferenza,
ci sono paesi interi che soffrono la fame.
Ogni giorno nasce una associazione per la pace,
ogni giorno nasce un comitato contro la schiavitù,
i politici girano il mondo in lungo e in largo
per trovare una soluzione,
ma la chiave per stare tutti bene insieme
non c'è nessuno che riesca a trovarla.
Sarà perché il frutto del "perdono ,,
cresce solo nel giardino del cuore
e per staccarlo ci vuole la mano dell'amore,
sarà per questo che i popoli del mondo
non hanno ancora imparato a volersi bene?

Có i òci de l'ànima

Stanòte vòjo métarme i òci de l'ànima
par caminare drènto el mistero di sogni,
vòjo 'ndàre a spigàre i ricordi
lóngo 'e strade del paese dove so nato.
Se partiva, se rivava, se ripartiva,
cussì giorno dopo giorno, stajòn dopo stajòn.
Vòjo vardàre controcorente, drènto el scuro,
dove 'e stèle 'e disegnava 'e me preghiere;
vòjo scoltàre tel vento tute 'e cante paesane,
caminare dòsso muri de 'e fumàre,
védare i colori de la canpagna farse nùvole;
vòjo cuntàre fóle e filastròche a tuti i putini.
Ghe cuntarò de chel gòto senpre mèzo vódo
che mi go tentà de inpinire più òlte,
ghé dirò del serpente busìaro, ch'él continua
a inbrojàre tuti, fedeli e no credenti.
'Ndarò vanti indrìo có passi pian pianèto
a çercàre la strada có 'e fàce di parenti,
sbrissarò fin drènto el me cuore
par catàre uno a uno tuti i me conpagni de scòla.
Vòjo mètare drènto la me butìlia di ricordi
tute 'e nomenàje di me paesani.
Vòjo 'ndàre drènto la vècia ostarìa,
dove 'e ònbre de vin bevù nessun 'e cuntàva,
dove se zogàva 'e carte in conpagnia
e de 'e òlte scanpàva anca qualche saràca.
Ma prima de vegnér via co la me fassina
de ricordi ben ligà, saludarò tuti,
farò sonàre la canpana del capitèlo,
parché ogni din don el sia
el nome d'on amigo mai desmentegà.

Con gli occhi dell'anima

Questa notte voglio mettermi gli occhi dell'anima
per camminare dentro il mistero dei sogni,
voglio andare a raccogliere i ricordi
lungo le strade del paese dove sono nato.
Si partiva, si arrivava, si ripartiva,
così giorno dopo giorno, stagione dopo stagione.
Voglio guardare controcorrente, dentro il buio,
dove le stelle disegnavano le mie preghiere;
voglio ascoltare nel vento tutti i canti paesani,
camminare ridosso a muri di nebbia,
vedere i colori della campagna farsi nuvole;
Voglio raccontare favole e filastrocche ai bambini.
Gli racconterò di quel bicchiere sempre mezzo vuoto
che io ho tentato di riempire più volte,
gli dirò del serpente bugiardo, che continua
a imbrogliare tutti, fedeli e non credenti.
Andrò avanti e indietro con passi leggeri
a cercare la strada con le facce dei parenti,
scivolerò fino dentro il mio cuore
per trovare uno a uno tutti i miei compagni di scuola.
Voglio mettere dentro la mia bottiglia di ricordi
tutte le nomee dei miei paesani.
Voglio andare dentro la vecchia osteria,
dove i bicchieri di vino bevuti nessuno li contava,
dove si giocava a carte in compagnia
e a volte sentivi anche qualche bestemmia.
Ma prima di venir via con il mio fascio
di ricordi ben legato, saluterò tutti,
farò suonare la campana del capitello,
perché ogni din don sia
il nome di un amico mai dimenticato.

Òci come dó more nere

In sentòn t'i pensieri
lèzzo có la mente la me storia.
Tajà el froménto
i campi i paréa più grandi
e 'e stupie, restà a spetàre el versùro,
'e parlava de pan e de sudòre.
Ghe n'ò visti tanti de tusiti come mi
coràre descàlzi drìo ste carezà
e mussi e buò tirare cariti de speranze
dèsso deventà memorie
a rumegarme de nòte tel çervéo.
I xè restà là i vèci, a dormire te la so tèra,
tanto che in primavera a pare chi spióna,
quando el sole o la luna i s-ciàntisa
tra e rame di àlbori
e tut'intorno s'ingruma de verde e de rosa
che parfin 'e speranze 'e pare sempre nòve
có fiorisse i persegari.
Òci come do more nere ghéva me mama,
quando la ocezàva sui me quaderni
co la man senpre alta, pronta pa 'na sbérla.
La me disea:
"Ti te ga da studiare, devéntare inportane,
desmentégare la stála, la zàpa 'e sgálmare coi ciòdi,
la broséma che crépa 'e man d'inverno,
e la paura de no catàre ogni giorno el pan su la tòla."

"Te ghìvi rasón mama:
el pan lo go sempre cáta su la tòla,
ma i sogni i xè sparii."

Occhi come due more nere

Seduto sui pensieri
leggo con la mente la mia storia.
Falciato il grano
i campi sembravano più grandi
e le stoppie, rimaste ad aspettare l'aratro,
parlavano di pane e di sudore.
Ne ho visti molti di bambini come me
correre scalzi lungo questi sentieri
e asini e buoi tirare carri carichi di speranze
ora divenute memorie
a rovistarmi di notte nel cervello.
Sono rimasti là i vecchi, a dormire nella sua terra,
tanto che in primavera sembra che ci vedano,
quando il sole o la luna sfavillano
tra le fronde degli alberi
o tutt'intorno s'addensa di verde e di rosa
che perfino le speranze sembrano nuove
quando fioriscono i peschi.
Occhi come due more nere aveva mia madre,
quando occhieggiava sui miei quaderni
con la mano sempre alta, pronta per un schiaffo.
Lei mi diceva:
"Tu devi studiare, diventare importante,
dimenticare la stalla, la zappa, i zoccoli chiodati,
la rugiada che dissecca le mani d'inverno,
e la paura di non trovare ogni giorno il pane sulla tavola.,,

"Avevi ragione mamma:
il pane l'ho sempre trovato sulla tavola,
ma i sogni sono spariti.,,

Nó impizàre la luce

Quando la sera s'ingatéja
intorno 'e rame di sàlisi,
rossi de tramonto e de sogni,
anca i fiori di campi i sara i òci
par scoltàre l'ùltimo madrigale de'e çigàle.
No, nó stare a impizàre el ciàro,
stasìra fermate 'na s-ciànta.
Vàrda la nòte che riva,
vàrda come 'e sparisse 'e ròbe:
nó se véde più gnénte,
né i àlbori, né 'e case.
Vàrda come tuto xè uguae, in ordine.
Vàrda lassù el çiélo ch'él pare senza fine,
vàrda 'e stèle che 'e s'impìzza
vàrda la luna che la core
scólta i rumori morbidi del siénzio
'e paróle chiéte del scuro.
La xè 'na magìa che se ripete ogni dì
ma che noàltri nó la vardèmo mai,
inmagà che semo dai lustrìni del progreso
te la corsa sfrenà verso la falsa feliçità

Non accendere la luce

Quando la sera si accartoccia
intorno le fronde dei salici,
rossi di tramonto e di sogni,
anche i fiori dei campi chiudono gli occhi
per ascoltare l'ultimo madrigale delle cicale.
No ,no accendere la luce
questa sera fermati un' attimo.
Guarda la notte che arriva,
guarda come spariscono le cose:
non si vede più nulla,
né gli alberi, né le case.
Guarda come tutto è uguale, in ordine.
Guarda lassù il cielo che sembra senza fine,
guarda le stelle che s'accendono
guarda la luna che corre
ascolta i rumori morbidi del silenzio
le parole quiete del buio.
È una magia che si ripete ogni giorno
ma che noi non guardiamo mai,
affascinati che siamo dai lustrini del progresso
nella corsa frenata verso la falsa felicità.

Anca mi

'E man 'e ga strucà altre man,
i òci i ga vardà altri òci,
i desideri i ga inpizà altri desideri.
Cussì ga scumizià el piazére de la vita,
cussì, la paura pàr la morte.

Po' el xé sta tuto on córare
drìo sentieri inghirlandà d'ilusión,
de man che 'e se slongàva a sgrafàre
promesse, tacà ai muri di sogni.

Anca mi
go vèrto la càpa del cuore
pa' rancuràre dal giardìn del tenpo
la me góza de tenareza,
la me s-cianta de felicità.

Go strucà altre man có 'e me man,
go vardà altri òci coi me òci,
go impizà altri desideri coi me desideri,
go scumizià a ridare, a piànzare,
a volere bèn, a domandare, a sognare,
a spetàre, a sperare...

Anca mi 'dèsso go paura.

Anch'io

Le mani hanno stretto altre mani,
gli occhi hanno guardato altri occhi,
i desideri hanno acceso altri desideri.
Così incominciò il piacere della vita,
così, la paura per la morte.

Poi è stato tutto un correre
lungo sentieri inghirlandati d'illusioni,
di mani che s'allungavano a graffiare
promesse, appese ai muri dei sogni.

Anch'io
ho aperto la conchiglia del cuore
per raccogliere dal giardino del tempo
la mia goccia di tenerezza,
la mia piccola felicità.

Ho stretto altre mani con le mie mani,
ho guardato altri occhi con i miei occhi,
ho acceso altri desideri con i miei desideri,
ho incominciato a sorridere, a piangere,
a volere bene, a chiedere, a sognare,
ad attendere, a sperare…

Anch'io ora ho paura.

Vècia luna Rovigòta

Te vàrdo, luna, dee nòte Rovigòte,
quando te sfalzini el canpanie de la Rotonda,
o te zòghi a girotondo coi gàti de San Francesco,
quando, vanitosa, te va a speciàrte
te la fontana de piaza Roma.
El tenpo passa, nessun pòe fermarlo,
cussì ghèmo desmentegà 'e lune
di vèci de la piaza,
quii chi se sentàva davanti al Molinari
ch'i cuntàva storie de ostarìe e de strighe,
ch'i vèdeva ridare Vitorio Manuele, guardian
fermo sul listón, in piaza del Comune.
Me ricordo de ti, luna mia, luna di me vint'àni
quando te me ga inmagà col primo amore
e che dèsso te vèdo pasejàre par el corso del popolo
a brazéto có 'na tósa mora africana.
Cara la me vècia luna Rovigòta, qua xè cambià tuto,
no 'i passa più i sióri in timonèa,
no' i ghé più i mediatori del Cogheto,
i batibacalà, i spazini col triciclo e la scóa,
i fornari chi scuminzia a laoràre de matina presto.
Ormai, cara la me vécia luna,
anca Rovìgo el s'à messa in còa col progresso,
dèsso in giro ghé solo machine e supermarcà.
A òlte però me piase, sarare i òci,
sognare pianeto pianeto
on s-ciàpo de zèleghe petégole drènto on vegnéto
'na rana che canta drìo el vècio Adeséto,
o védare come tanto tenpo fa
'e vècie spionàre da la porta in sbàcio
la fiòla col moróso
par paura che la perda l'onore de putèla.

Vecchia luna Rodigina

Ti guardo, luna delle notti Rodigine,
quando falci il campanile della Rotonda,
o giochi a girotondo con i gatti di San Francesco,
quando, vanitosa, vai a specchiarti
nella fontana di piazza Roma.
Il tempo passa, nessuno può fermarlo,
così abbiamo dimenticato le lune
dei vecchi della piazza,
quegli che si sedevano davanti al Molinari
che raccontavano storie d'osterie e di streghe,
che vedevano sorridere Vittorio Emanuele, guardiano
fermo sul listone, in piazza del Comune.
Mi ricordo di te, luna mia, luna dei miei vent'anni
quando mi hai stregato col primo amore
e che ora ti vedo passeggiare per il corso del popolo
sottobraccio a una ragazza mora africana.
Cara la mia vecchia luna Rodigina, qua è cambiato tutto,
non passano più i signori con il calesse,
non ci sono più i mediatori del Cogheto,
i batti baccalà, i spazzini con il triciclo e la scopa,
i fornai che cominciavano a lavorare di buon mattino.
Oramai, cara la mia vecchia luna,
anche Rovigo si è messo in riga con il progresso,
ora in giro ci sono solo macchine e supermercati.
A volte però mi piace, chiudere gli occhi,
sognare piano piano
i passeri pettegoli   dentro un vigneto
una rana che canta nel vecchio Adigeto,
o vedere come molto tempo fa
le vecchie spiare dall'uscio semiaperto
la figlia con il moroso
per paura che perda l'onore di ragazza.

Có se parlava in diaeto

Ghivimo tuto el ciàro de 'e matine drènto i òci,
quando se svejàvino col miagolàre di gàti,
col cantàre di gàli, col bajàre di can,
co 'e galine che 'e pechezàva intornovìa la casa.
'E ònbre che 'e caminava drìo 'e carezà,
i jèra òmani, dòne, putini, jènte senplice,
i parlava solo in diaeto.
I ghéva òci par vardàre vèrso el domàn,
i passi drìti óltre el confin del cuore,
solo 'na s-ciànta de tenpo par pensare,
massa poco par sognare,
i gheva i sentimenti puri: i fiòi, la vita.
Ghéra di giorni ca te vedivi 'e dòne in zenòcio,
curve có la sgòrba piegà come on bìgolo.
Jèra quando 'e s-ciàrezava 'e barabétole.
Có te passavi vizin on canpo de froménto
có tuti i papàvari fiorii,
te paréa de èssare vestio de rosso,
e te la sentivi cantare la lama del seghéto
in man ai meandini có i miezèva el froménto.
No domandarme còssa el xè el vódo del sienzio
quando te t'incorzi che l'inocenza nó ghè più,
quando la vita da 'e man busiare
consuma l'emozión di to giorni più bèi.
El tenpo nol el xè più quéo de 'na òlta,
quando tuti parlavino in diaeto.
Dèsso tuto xè on deserto, no se conossemo più,
i paesi i pare tuti dopodisnà d'inverno,
quando el jazo coèrze i sentieri di giardini
e 'e rose 'e resta desmentegà sóto el bianco de la neve.

Quando si parlava in dialetto

Avevamo tutta la luce dei mattini dentro gli occhi,
quando ci svegliava il miagolare dei gatti,
il canto dei galli, l'abbaiare dei cani,
e le galline che camminavano intorno alla casa.
Le ombre che camminavano lungo il sentiero,
erano uomini, donne, bambini, gente semplice,
parlavano solo in dialetto.
Avevano gli occhi per guardare verso i domani,
i passi diritti oltre il confine del cuore,
solo poco tempo per pensare,
tropo poco per sognare,
avevano i sentimenti puri: i figli, la vita.
Certi giorni vedevi le donne in ginocchio,
curve con la schiena piegata come un bigoncio.
Era quando sfoltivano le barbabietole.
Quando passavi vicino un campo di frumento
con tutti i papaveri fioriti,
ti sembrava d'essere vestito di rosso,
e la sentivi cantare la lama del seghetto
in mano ai mietitori quando tagliavano il grano.
Non chiedermi cos'é il vuoto del silenzio
quando ti accorgi che l'innocenza non c'è più,
quando la vita dalle mani bugiarde
consuma l'emozione dei tuoi giorni più belli.
Il tempo non è più quello d'una volta,
quando tutti parlavano in dialetto.
Ora tutto è un deserto, non ci conosciamo più,
i paesi sembrano tutti pomeriggi d'inverno,
quando il ghiaccio copre i sentieri dei giardini
e le rose restano dimenticate sotto il bianco della neve.

Adio mondo contadin

El jèra l'odore dee viole
che svèjava, la matina de marzo,
on çièo vestìo da festa
che incominziava a ciacolàre co 'e róndane.
La vién ancora primavera,
chi da 'e nostre parte,
ma a òlte me pare de no védarla,
de èssare on strabico restà senza maravéja.
Qua, dove l'inverno el serviva
pa sponsàre 'e fadighe de l'istà
e la nòte a infassare el respiro ai sogni,
la vita contadina la s'a desfà
come on górgo de àqua dolze drènto el mare.
La richeza del nòvo ga canbia la vita.
I contadini i ga ciapà l'inverno
e i lo ga mèsso drènto on termosifón,
po' i ga ciapà el camin chi ghéva in cusina
e i lo ga portà t'on cantón de l'ara,
i ga ciapà el cesso ch'él jèra dedrìo de la casa
e i lo ga portà tacà ala càmara da lèto,
metendoghe drènto parfin el spècio.
Dove i ghéva la casóna pàr el bosegàto,
dèsso i ga fato on garage de muro
có drènto 'na machina straniera.

Addio mondo contadino

Era l'odore delle viole
Che svegliava, la mattina di marzo,
un cielo vestito a festa
che incominciava a chiacchierare con le rondini.
Arriva ancora la primavera,
qui dalle nostre parti,
ma a volte mi sembra di non vederla,
di essere uno strabico rimasto senza meraviglia.
Qua, dove l'inverno serviva
per riposare le fatiche dell'estate
e la notte per fasciare il respiro ai sogni,
la vita contadina si è sfatta
come un gorgo d'acqua dolce dentro il mare.
La ricchezza del nuovo ha cambiato la vita.
I contadini hanno preso l'inverno
e lo hanno messo dentro un termosifone,
poi hanno preso il camino che avevano in cucina
e lo hanno portato in un angolo dell'aia,
hanno preso il gabinetto da dietro la casa
e lo hanno portato vicino alla camera da letto,
mettendoci dentro perfino lo specchio.
Dove avevano il riparo per il maiale,
ora hanno fatto un garage di pietra
con dentro una macchina straniera.

Xè Nadale

Xè Nadàle e la jènte se vestisse có l'abito più bèo.
Se mi me fusse indormezà có jèro putéo
e me svèjesse in sti giorni de festa,
crédaria de èssare rivà t'on mondo foresto.
Mi che jèro bituà a farme ciàro col canfin,
me cato in mèzo a tuti sti s-ciantìsi de luce,
a tute ste lampadine incolorie, che 'e gira
come 'e giostre de la fiera,
scoàsi 'e volésse brusàre tuto, cèse e piaze.
Me vàrdo intórno intontio, inmagà,
me sento come uno che xè péna rivà.
De 'e ròbe de 'na òlta nó ghè più gnente!
Signore mio me domando,
dove i gheto missi i presepi de carta
có 'e piègorete e i pastóri picinini,
e i alborèti, quii fati có 'e rame di pini,
quii che, có tanto amore, ghe tacavino sù
on paro de mandarini, dó tre candeline, 'na carata,
raquànti pómiti e on scartòzo de papazón
e magari anca 'na caramea on fià ciucià?
Signore, dime la verità, dove me gheto portà?
A òlte, però, saro i òci e vàrdo indrìo,
quando n'àntri toséti 'ndàvino de casa in casa
a cantare la " ciarastéla ", a 'gurare Bòn Nadàle,
o quando se partia in bicicrétta
par 'ndàre a védare el presepio di Frati
có 'e statuete che 'e se movéa.
In sti giorni de festa xè cambià tuto,
ma mi làsseme stare
vòjo sentirme ancora putéo, vòjo sognare.

È Natale

È Natale e la gente si veste con l'abito più bello.
Se io mi fossi addormentato quand'ero bambino
e mi svegliassi in questi giorni di festa,
crederei d'essere arrivato in un mondo straniero.
Io che ero abituato a farmi luce con il lume,
mi trovo tra questi bagliori di luci,
fra tutte queste lampadine colorate, che girano
come le giostre della fiera,
quasi volessero bruciare tutto, chiese e piazze.
Mi guardo intorno sorpreso, stupito,
mi sento come uno che è appena arrivato.
Delle robe d'una volta non c'è più nulla!
Signore mio mi chiedo,
dove gli hai messi i presepi di carta
con le pecorine e i pastori piccolini,
e gli albereti, quegli fatti con i rami di pino,
quegli che, con tanto amore, s'attaccava sopra
un paio di mandarini, due tre candeline, una carruba ,
qualche pometo e un cartoccio di castagnaccio
e magari anche una caramella un poco succhiata?
Signore, dimmi la verità, dove mi hai portato?
A volte, però, chiudo gli occhi e guardo indietro,
quando noi bambini s'andava di casa in casa
a cantare la "chiarastella", ad augurare Buon natale,
o quando si partiva in bicicletta
per andare a vedere il presepe dei Frati
con le statuette che si muovevano.
In questi giorni di festa è cambiato tutto,
ma vi prego lasciatemi tranquillo
voglio sentirmi ancora bambino, voglio sognare.

El treno

'E pare tute uguale 'e stazión di treni,
là, distirà una drìo n'àltra
lóngo i binari de la ferovia.
Te vidi jènte montare sui treni, partire,
po çercàre on posto par sentàrse.
Chi lo catàva viçin al finestrin, chi viçin
a uno mai conossésto, a 'na tòsa,
on mediatore, a uno có la facia da sióre.
Tanti i xè partii in çérca de laóro,
i jèra emigranti, i jèra seri,
i ghéva òci pieni de sole, la testa bassa
e di grossi rodoli de sogni su 'e spàle.
Te li conossivi subito, da 'e valise de cartón.
Go visto qualchedun de 'na çérta età
partire coi calziti sbalià, uno rosso e uno marón;
e qualcun anca senza bilieto
ch'él faséa finta de èssare straniero.
Te vidi partire e rivare jènte de ogni età,
sióri, poarèti, sposi péna maridà,
jènte piena de ambizión,
e altri pieni de paure,
àltri ancora có 'e vaise piene de sogni.

Anca mi on dì so montà sul treno...

In sofita, tra dó vécie jachéte butà là
e raquanti zugatoli bandonà,
el me bòcia el ga catà on bilieto.
El xè on cartonzin vècio, stronfagnà,
on bilieto de treno de 'na òlta.
El jèra drènto 'na vaisa de cartón
có scrito su "Germania per emigrazion,,.

Il treno

Sembrano tutte uguali le stazioni dei treni,
là, distese una dopo l'altra
lungo i binari della ferrovia.
Vedi la gente salire sui treni, partire,
poi cercare un posto per sedersi.
Chi lo trovava vicino al finestrino, chi vicino
a uno mai conosciuto, o a una ragazza,
un mediatore, a uno con la faccia da signore.
Tanti sono partiti in cerca d'un lavoro,
erano emigranti, erano seri,
avevano occhi pieni di sole, la testa bassa
e dei grossi rotoli di sogni sulle spalle.
Li conoscevi subito, dalle valigie di cartone.
Ho visto qualcuno d' una certa età,
partire con i calzini sbagliati, uno rosso e uno marrone;
e qualcuno anche senza biglietto
che faceva finta d'essere straniero.
Vedi partire e arrivare gente di ogni età,
ricchi, poveri, sposi appena maritati,
gente piena d'ambizioni,
e altri pieni di paure,
altri ancora con le valigie piene di sogni.

Anch'io un giorno sono salito sul treno...

In soffitta, tra due giacche buttate là
e alcuni giocatoli abbandonati,
il mio bambino ha trovato un biglietto.
È un cartoncino vecchio, stropicciato,
un biglietto dei treni d'una volta.
Era dentro una valigia di cartone
con scritto sopra "Germania per emigrazione,,.

Dove sito scònta ?

Forse te go senpre çercà dove no te jèri,
go parlà co la tó ònbra
ma no go sentìo nessuna risposta.
Forse mi e ti semo sta scritti su la carta
d'on libro che se ciàma "Aventure de la vita ",,.
Forse semo catà qualche òlta
drènto i gòti del vin, tel bacàn de na festa,
ti passi dopo che te me jèri scanpà,
lassàndome solo on baticuore,
'na ocià senza nessuna paróla.
Te go çercà tel canto di poeti,
sui acuti in controtempo di cantanti,
ti cassiti di ricordi più segreti,
te 'e ale de 'na róndana in volo,
tel rosso d'on tramonto de l'istà.
Te go çercà drènto de mi,
drènto i òci de la jènte,
te 'e storie cuntà e scoltà in giro par el mondo,
in cèsa, in ostaria, te 'e paróle
de tute e razze umane.
Te go çercà da partuto, go domandà a tuti,
ma nessun te conossèa bèn,
pochi i te gheva visto in giro,
o i jèra sta on fià insieme a ti.
T'ò çercà, te çérco in ogni cantón,
domando de ti ogni òlta che me mòvo,
voria conossarte, vedarte pàr òlta, 'na òlta sola.
Ma ti, feliçità, esìstito da qualche parte
o quii che parla de ti
i xè solo di busiari o di sognatori come mi?

Dove sei nascosta ?

Forse ti ho sempre cercata dove tu non c'eri,
ho parlato con la tua ombra
ma non ho sentito nessuna risposta.
Forse io e te siamo stati scritti sulla carta
d'un libro che si chiama "Avventure della vita,,.
Forse ci siamo incontrati qualche volta
dentro i calici del vino, nel chiasso d'una festa,
nei passi dopo che eri fuggita,
lasciandomi solo un batticuore,
un'occhiata senza nessuna parola.
Ti ho cercata nel canto dei poeti,
sugli acuti in controtempo dei cantanti,
nei cassetti dei ricordi segreti,
sulle ali d'una rondine in volo,
nel rosso d'un tramonto d'estate.
Ti ho cercata dentro di me,
dentro gli occhi della gente,
nelle storie raccontate e ascoltate in giro per il mondo,
in chiesa, in osteria, nelle parole
di tutte le razze umane.
Ti ho cercata da perttutto, ho chiesto a tutti,
ma nessuno ti conosceva bene,
pochi ti avevano vista in giro,
o erano stati un poco con te.
Ti ho cercata, ti cerco in ogni angolo,
chiedo di te ogni volta che mi muovo,
vorrei conoscerti, vederti per una volta, una volta sola.
Ma tu, felicità, esisti da qualche parte
o quegli che parlano di te
sono solo dei bugiardi o sognatori come me?

Altri tenpi

I nostri i jèra çiéi disegnà de sole,
co l'aria che saéva odore de pèrseghi,
de pòmi, de verde e de fiori.
Corivino noàltri fiòi a piè descàlzi,
come volànde in bràzo al vento
tel zògo di quatro cantóni, e a perdifià
drìo el çércio de na vècia bicicrétta.
Sere magiche 'e nostre sere da morósi,
quando i òci dee batisòsole i s'inpizàva
come candeine de sospiri par i nostri baticuori.
La vita di canpi ne ciamàva a laoràre,
fasendone deventare òmani ancora tosèti,
parché a chi tenpi la pagnòca la jèra dura assè.
La tèra ne daséa poco e l'autuno
rivava senpre co la pressia del cuore nudo
su l'altare dee lune d'inverno,
e jèrino in tanti a sentire tel stómego
i morsegòti dea fame.
Po,' el tenpo ga slongà el passo delà de'e piòpe
come el voésse védare rivare on sogno.
Dèsso in paese vive el progresso
te l'ànima che spèta i giorni nòvi
e la jènte che passa, sempre elegante,
no sa gnente del tenpo del pan nero.
Da tanto xè finio el discorso dee spighe
rancurà come 'na preghiera sui sélesi,
la vita xè deventà na farfalla rosa
che córe drènto la luce bianca di giorni,
ma i fiòi no i ga più zòghi inocenti
par consumare el tenpo de cressare.

Altri tempi

I nostri erano cieli disegnati dal sole,
con l'aria che sapeva odore di pesche,
di mele, di verde e di fiori.
Si correva noi bimbi a piedi scalzi
come aquiloni tra le braccia del vento
nel gioco dei quattro cantoni e a perdifiato
con il cerchio d'una vecchia bicicletta.
Sere magiche le nostre sere da fidanzati,
quando gli occhi delle lucciole s'accendevano
come candeline di sospiri per i nostri batticuori.
La vita dei campi ci chiamava a lavorare
facendoci uomini ancora bambini,
perché a quei tempi la pagnotta era dura assai.
La terra ci dava poco e l'autunno
arrivava sempre con la fretta del cuore nudo
sull'altare delle lune d'inverno,
e eravamo in tanti a sentire nello stomaco
i morsi della fame.
Poi, il tempo allungò il passo oltre i pioppi
come volesse vedere arrivare un sogno.
Ora il paese vive il progresso
con l'animo che attende i giorni nuovi
ma la gente che passa, sempre elegante,
non sa nulla del tempo del pane nero.
Da molto è finito il discorso delle spighe
raccolte come una preghiera sulle aie,
la vita è diventata una farfalla rosa
che corre dentro al luce bianca dei giorni,
ma i figli non hanno più giochi innocenti
per consumare il tempo di crescere.

Fine

www.ingramcontent.com/pod-product-compliance
Lightning Source LLC
Chambersburg PA
CBHW071332040426
42444CB00009B/2136